Kurt Scharf

Beifang

Bibliografische Information der Deutschen Nationalbibliothek:
Die Deutsche Nationalbibliothek verzeichnet diese Publikation in der Deutschen Nationalbibliografie; detaillierte bibliografische Daten sind im Internet über www.dnb.de abrufbar.

Herstellung und Verlag: BoD – Books on Demand, Norderstedt
ISBN 978-3-752-64292-6

Ausflug

Im Wald gestrandet,
gelandet
im Moos,
lagen wir bloß.

Die Sonne stand oben,
gehoben
ins Blau,
und lächelte schlau.

Als wir dann gingen,
empfingen
wir noch
eines Spechts Gepoch.

Darüber

Ein Rappe und ein Schimmel:
wiesendrin sind diese.
Darüber, dort am Himmel,
geht ein Wolkenriese.

Der später sich verwandelt,
blickt, dich aufzusaugen.
Und siehe da, es handelt
sich um Gottes Augen.

Früher Sommer

Sobald das Jahr nach vorne ruckt
(die Elster schackt, die Amsel tuckt),
ruht sich die Sonne manchmal aus
und Regen lauert hinterm Haus.

Des schönen Hänflings heller Pfiff
ertönt im Efeu als Umgriff
zu einem eleganten Tanz
in Rascheleppichs Blätterkranz.

Die Brut ist hier sehr gut versorgt.
Die Sonne kommt, und sie verborgt
die Strahlen diesem Grüngeflecht.
Der Regen meidet das Gefecht.

Nach tagelangem Hoffen wird
der Himmel offen und verschwirrt
im Licht, dahin der Jungen Flug
sich richtet, bunter Vögel Zug.

Fliege

*Auch ist an ihr zu rühmen, dass sie nicht stillschweigend fliegt,
sondern singend.* (Lukian; Loblied auf die Fliege)

Eins
Keine Fliege hatte überlebt.

Zwei
Zurück vom Sternbild Stier, aus der Kryobiose erwacht, befand
ich mich im Erdorbit.
Die Tachyonentriebwerke schwiegen.
Zeit, den Abstieg zu beginnen.
Unten grüßte vertrautes Grau.

Drei
Nach dem Siebten Großen Massenaussterben (wenig zuvor legten
die Teloniden, freundliche Wesen aus dem Andromedanebel, eine
Zwischenlandung auf der Erde ein) war die Artenzahl erheblich
reduziert – nur der Mensch und die Fliege blieben übrig.
Die Fliege hatte, im Laufe der Geschichte, alles überlebt; selbst
Gammablitze konnten ihr nichts anhaben, geschweige denn
Supernovae oder Kometen.

Vier

Die Menschen allerdings, plötzlich verlustig der Fähigkeit sich Texte zu merken, waren nicht mehr in der Lage, Gedichte, seien es auch kürzere, frei vorzutragen.
Zumal die hilfreichen Speichermedien unerwartet einem progredienten Prozess des Zerfalls unterworfen wurden.
Das Dritte Digitale Zeitalter war beendet.

Fünf

Dem letzten Genie auf Erden gelang es, die spärlichen Überreste der schöngeistigen Literatur auf die Fliegen (deren Zahl die der Menschen bedeutend überstieg) zu transferieren.
Den Schmeißfliegen wurden Romane und Novellen zugeordnet, den Schwebfliegen Dramen.
Die Gemeine Stubenfliege verantwortete die Lyrik.
Auf das Speichern von Literaturkritiken musste verzichtet werden; es gab hierfür keine kompatible Fliegenart.

Sechs

Wer sich, unabsichtlich oder nicht, einer Fliege bis auf einen halben Meter näherte, empfing in quasi-hypnopädischem Akt eine wohlklingende Stimme. Die Möglichkeit der Auswahl gab es dabei ebenso wenig wie ein vorzeitiges Abwenden.

Der Überraschungsfaktor blieb groß.

Und immer neu, dank der gravierenden menschlichen Vergesslichkeit.

Nur wer sich auf eine längere Flugreise begab, konnte ihr kurzfristig entgehen.

Sieben

Die implantierten Werke waren einem stetigen Wandel unterworfen; nach näheren Kontakten der Trägertiere, die über die gegenseitige Putzpflege ihrer Flügel hinausgingen, boten die nächsten Generationen neue Varianten an.

In einigen Fällen konnte es aber auch, im Verlauf etlicher Änderungen, zur Rückführung der originalen Texte kommen.

Acht

„Oh, ich hatte Sie so früh nicht zurück erwartet."

Der Raumflughafenplatzwart blickte traurig.

Sein Stirnauge zuckte.

„Wir sind allein. Die Fliegen sind gestorben. Keiner weiß, warum."

Ich drückte voller Mitgefühl die achtfingrige Hand des bedauernswerten Herrn.

Neun
Und ging zurück ins Schiff, meine Zahnbürste zu holen.
Über das Waschbecken gebeugt, vernahm ich ein Flüstern.

Zehn
Im Fluss, da schwimmt der Fisch.
Das Reh steht auf der Wiese.
Die Luft ist hier sehr frisch.
Das Reh heißt Anneliese.

Am Ufer ist was los.
Die bunten Enten tauchen.
Der Mond scheint riesengroß.
Der Schwan beginnt zu fauchen.

Elf
Ein Gedicht aus archaischen Zeiten, vor Jahrmillionen entstanden.

Zwölf
Eine Fliege hatte überlebt.

Spaziergang

Und auf der Wiese, dort,
die Wildgans schreitet,
an diesen schönen Ort
gewünscht, geleitet.

Die Blüten grüßen, schau,
mit Duft umzartet,
und sagen dir: genau,
der Frühling startet.

oder

Der Frühling kommt

Der Frühling kommt
mit Riesenschritten.
Ich komme ihm nicht nach,
und muss ihn also bitten:
Komme, doch gemach.

Zahmen Lyrikers Wut

Ich kenne manche Liedermacher,
und stelle oft bedauernd fest:
sind leider meine Widersacher.
Da wird gesungen vom Inzest,

von Busen, Bumsen, Blut und Bier,
von Fahnen, die so schwer wir tragen
(besonders in dem Lande hier,
wofür wir uns noch immer schlagen).

Kann man nicht andre Lieder singen:
von Blumenbeeten oder so –
statt, lässig wie ein Bock, bespringen
die Weiberärsche nur en gros?

Ja, lässt sich denn nicht Liebe machen
anständig? (Ohne von zu quatschen:
beim Koitus dröhnend aufzulachen
und seinen Samen lassen flatschen.)

Die Dichter liebten nur platonisch?
Die Liedermacher schweiften aus
und führten ihren Phallus konisch
in Weiber ein und wieder raus?

Na, eher ist wohl anzunehmen,
dass ihnen fehlt die Puste dann,
sollt wirklich sich ne Frau bequemen,
sie (aus Versehn) zu hören an.

Vielleicht erleiden sie'n Infarkt,
wenn sie auf einer Dame liegen?
Obgleich: im Lied sind sie erstarkt,
und wollen jedes Weib besiegen.

(Und würden auch mit Wortehorden,
voll supersaurer Renitenz,
versuchen kläglich zu verbergen,
vergeblich, ihre Impotenz.)

Brief an den Sohn

Michael, schön dass du dich nach vierzig Jahren wieder meldest und mich (wenn ich das richtig gelesen habe) unverhofft zum Opa und Uropa machst.

Wenngleich meine Zweifel nie ganz geschwunden sind; hatte doch deine Mutter in jener vakanten Zeit deines Entstehens mehreren Herren seltene Bücher besorgt.

Da gab es damals einen Mathelehrer, der Platon verehrte und sich für die erhaltenen Schriften mit einer Flasche Rotwein bei ihr bedankte.

Dem weitere Schriften und Rotweinflaschen folgten.

Einen Urgroßvaterschaftstest werde ich aber nicht durchführen lassen.

Ich selbst war Martina (sie arbeitete als Bibliothekarin) durch eine Fernleihe näher gekommen: „Der nackte Affe" von Desmond Morris.

Dessen Thesen sind inzwischen keinen Pfifferling mehr wert.

Martina mochte klassische Musik; und es kann sein, dass dein Leben Robert Schumann geschuldet ist, vornehmlich dem Cellokonzert opus 129.

Wieder und wieder legte sie die Platte auf.

Wir sprachen über die Verästelungen der Komposition.

Das Übrige kannst du dir denken.

Unsere Beziehung endete, als mein Fernstudium begann.

Kommilitonin Jutta stand auf Led Zeppelin. Für gewöhnlich kam sie bei „The Rover" mächtig in Fahrt.

Sie pflegte den merkwürdigen Brauch, danach immer einen Apfel zu essen; stets befand sich eine Obstschale auf ihrem Nachttisch.

Später änderte sie die Musikrichtung. Und tauschte zugleich mich gegen so einen blassen Jüngling aus.

Mit dem sie dann permanent Udo Jürgens hörte.

Daraufhin brach ich erschüttert das Studium ab und verdingte mich in die Landwirtschaft.

Immerhin schaffte ich es (nachdem ich einen Traktor in den Graben gefahren und die mir anvertraute Rinderherde in einem riesigen Maisfeld verloren hatte), bis zum nächsten „Hörnerball" zu bleiben. Dort, in der geräumigen Dorfkneipe, lernte ich Karin kennen.

Wenig später sichtete ich ihre CD-Sammlung.

Waggershausen neben Rosenstolz und John Fogerty.

Aber am häufigsten hörte sie eine mir unbekannte Gruppe: Walfeld.

Die Lieder dieser Gruppe hätten mir gleich zu denken geben müssen.

„Schnaps" und „Schenkt ein".

Tatsächlich – wir zogen in eine gemeinsame Stadtwohnung – war Karin spätabends öfter unterwegs zur Tanke, ihren Rotweinvorrat aufzufüllen. Zur Not nahm sie auch Weißen.

Ich wechselte Frau und Wohnung. Die Wohnung zuerst.

In jener Zeit fuhr ich lange Strecken. Mit altersschwachem Rad.

Einmal (ich war vor Tagesanbruch gestartet) kollidierte ich, bei Kilometer 150, mit einem auffliegenden Entenschoof.

Der Sturz geschah in der Nähe eines einsam gelegenen Hauses.

Deutlich klang Musik heraus. Laibach. „God is god".

Die alleinstehende Dame (Gisela) ließ mir ein Bad ein, versorgte meine Wunden.

Noch in derselben Nacht schliefen wir miteinander.

Mit der Reparatur des Rades ließ ich mir Zeit.

Dieser Brief mag dir langweilig erscheinen; nichts liegt mir ferner, als dich anzuöden.

Die nächsten drei Frauen lasse ich aus.

Auch Hendrix, Gary Moore und Dr. Hook.

Ich lebe jetzt allein.

Seitdem verkündet wurde: Bleiben Sie bitte zu Hause! habe ich mich der Ornithologie verschrieben. Hof und Schuppen stehen den Vögeln offen.

Gegenwärtig arbeite ich an einer Studie über das Brutverhalten des Bluthänflings.

Bald schon

Die Bienen lassen uns im Stich.
Wir sind auf sie so angewiesen.
Die Bienen lassen uns im Stich.
Wir stecken bald schon in den Miesen.

Die Bäume lauben uns davon.
Wir können sie nicht länger halten.
Die Bäume lauben uns davon.
Die Wüsten werden sich entfalten.

Kontradiktion

Nur
der Liebende
allein
kann einzig
glücklich sein.

Die ästhetische Uhr

Ich sehe eine Uhr,
deren Pendel
zwischen ICH und WIR
sich hin und her bewegt.

WIR:
gequetscht in ein System
grobe Masse nur
und nichts geschieht

ICH:
andre zählen nicht
bescheiden genau
entschieden nie

Ich halt das Pendel an.

Arbeitsteilung

Den Grünspanträuschling
findest du,
mit Glück,
im Wald.

Du brauchst davon,
er ist nicht groß,
schon eine Menge.

Dann aber
musst du ihm
nur noch die Haut
vom Kopfe ziehn.

Die Suppe wird uns schmecken.

Geh hin und such!
Ich schreib derweil
dir dies Gedicht.

Noch

Noch finden die Worte zu mir,
und ich weiß noch was ich sag.
Noch binde ich Verse im Hier,
das mitunter ich beklag.

Noch frachten die Werte mein Sein,
und ich störe mich daran.
Noch trachten die Dinge allein,
schlagen mich in ihren Bann.

Noch suchen die Worte den Weg,
und ich steh ratlos am Rand.
Noch buchen sie Lebens Beleg,
geben täglich kärglich Pfand.

Ernst Jünger (100)

Die Ordnung aber bleibt.
Der Käfer kompakte
Korrektheit
überdauert.
Der Lebensbaum
erfrischt
das Wasser.
Beschattet
vom Wort,
die Ordnung
bleibt.
Und auch das Dasein
nach dem Tode.

An einem Julitag

Die Sonne holt nur Luft,
von Wolken zugedeckt.
Doch bald, im Sommerduft,
erscheint sie, neu geweckt,

und strahlt wie je zuvor.
Die Kinder freuen sich
und singen laut im Chor:
Wir loben, Sonne, dich!

Traumtod

Du wurdest, in den Briefen,
entschiedner in der Abkehr,
schon fiel mein Name dir
nicht ein, schon war ich
aus der Welt für dich; nur
die Träume hielten eine Zeitlang
mich am Leben. Du lerntest
aber schnell: nach drei Nächten
nur, gabst du den Abschied
öffentlich bekannt; du hattest
Leute eingeladen, wir saßen
um den Tisch, ich wollte noch
mit allen reden; ich war an deiner
Seite, ich war, ich war,
dann war ich nicht.

Dumme Frage

Sind, süßes Konglomerat,
meine Briefe noch verstreut
zu finden, neben dem Klavier
zum Beispiel, am Küchenspind
die Karten noch, im Keller
auf dem Tisch die Strophen,
reine Bitternis, zu finden noch?

Deinonychus etwa

Nur bei mäßiger Größe (zwei Meter
ungefähr) ist Primatenstellung
erkennbar. Der Körper
wird nicht dem Selbstlauf
überlassen, das Gehirn,
unbelastet von Kontroll-
Funktionen, kann sich,
statt riesenhafte Organismen
am Leben zu erhalten,
vergrößern, verfeinern, entwickeln
nur bei mäßiger Größe (zwei
Meter ungefähr). Nutzte
doch der gewaltige Überblick
den Titanen wenig. Primaten
ihrer Zeit wurden, die auch
aufrecht gingen, die Kleinen.
Deinonychus etwa. Bestätigt
später bei den räuberischen
Säugetieren bei mäßiger
Größe (zwei Meter ungefähr).

Ich?

Glattrasiert: Gedichte.
Friedrich Kempner grüßt.
Wenig Weltgeschichte.
Mächtig angesüßt.

Worte, stets die gleichen.
Reime, unentwegt.
Demutsvolle Zeichen.
Nichts bei überlegt.

Sinnlos rumgestammelt.
So viel Jahre schon.
Türen zugerammelt.
Dunkelheit: der Lohn.

Am Weißen Berg

Auf dem Grunde des Teiches,
im wärmenden Schlamm,
träumen selig die Frösche
vom Frühlingsprogramm.

Innerhalb des Bereiches,
geborgen und froh,
träumen selig die Frösche
im Winterdepot.

Entfernte Stunde

Da tauschen nachts, die sich begehren
dürfen, ihre Seelen wieder aus,
gefächert und gemischt erhalten
Identitäten, streng verschränkt
im Wechseltraum, die nächste
Wirklichkeit: Anima wird Animus
zur Hälfte, und war schon vorgegeben,
und soll im andern herrschen
die bestimmte Zeit,
zum Morgen hin.

Zerstäubte Zeit

Getragen von träger Langeweile
durch den Tag

(achten Sie mal drauf)

vergehen die Stunden
statt starr
zu verharren

im Dauerlauf.

Die letzten Panzer des Dritten Reiches

Außerdem ist zu berichten:
Leoparden wurden Ratten,
sprangen nicht mehr, sondern schlichen
ängstlich zu den Niederlagen.

Und die Oberintendanten
riefen noch ihr „Heidelbeer!",
träumten von den Wunderwaffen,
tranken faden Bunker-Tee.

Und sie bauten Riesen-Mäuse,
um den Gegner zu erschrecken –
superschwere Ungeheuer
sollten alle Fronten brechen.

Doch die großen grauen Tiere
sanken müde gleich zur Seite
nach den ersten Taperschritten.
Und sie kamen nicht mehr weiter.

Melangierte Melancholie

Nicht ganz
wie früher
traurig.

Weniger
bekümmert
um den Frustverlust.

Der Freude
des Alleinseins
stiller noch ergeben.

Zärtlicher
gewendet
zum tristen Tod.

Pflock

Jetzt, da du gegangen bist,
sollte es mir besser gehen,
sollte ich mich leichter drehen.
Jetzt, da du gegangen bist.

Jetzt, weil du gegangen bist,
komme ich nicht mehr vom Fleck,
komme ich vom Pflock nicht weg.
Jetzt, weil du gegangen bist.

1970; Bushaltestelle

Der Kerl geht
mir auf die Nerven,
er pfeift
seit fünf Minuten

bandiera rossa.

Strandwärts

Dies war der Platz
mit Blick zur Bucht –
von oben schräg
herab zum Fluss.

Halbwegs versteckt;
wo ich, besonnt,
versonnen lag
im Sommer stets.

Das wird nun nicht
der Fall mehr sein,
die Decke bleibt
verpackt zuhaus.

Und was ich dort
im Draussen sah,
das Licht, die Luft,
will anders sein.

Aufgetaucht

Willkommen an der Oberfläche!
Wir ziehen neue Speichen ein,
und fahren unsrer alten Schwäche
davon – dem stummen Druntersein.

Wir sind, vollendet, in Bewegung.
Im Silberwind erblühen wir,
gewandet in die schönste Regung
des Lichts, wir überleben hier.

Wir hören aber noch die Stimmen
von denen, die geblieben sind
im schattentiefen Land. Sie glimmen,
sie treiben und sie bleiben blind.

Teilweise erfundene Meldung

Schon wieder so ein dicker Guru
japanischer Bauart!
Schwer aussprechbar
diesmal
der Name der Sekte –
weshalb er auch hier nicht wiederholt wird.

In den Metro-Schächten verteilen
Jüngerinnen Flugblätter,
welche besagen,
die Chemikalien benötige man
nur
für religiöse Zwecke,
den gesegneten Gliedern der Gruppe
notwendig.

Den anderen,
die nicht wahrem Wege verhaftet,
gerieten zum Gift sie.

So einfach sei die Erklärung.

Bericht

Wir kamen zum Hotel.
Sie wollte nur noch Äpfel kaufen.
Das Zimmer war bezahlt.
Ich ging, als ich da lag,
der andern Liebe fremd.
Das Radio war an.
Ich kannte einen, sagte sie,
der konnt es nur bei Schubert machen.
Dann hat sie an mir rumgekaut.
Am Anfang tun das alle
Frauen, denk ich mir.
Aber nachher hat's nicht gleich geklappt.
Warum sie auch das eine Bein
so komisch krümmte?
Das war ich von zuhause
nicht gewöhnt.
Den BH, den hat sie anbehalten.
Ich kam, sie nahm
und zog sich dann zurück.
Wir haben noch geduscht.
Ihre Brüste waren wirklich klein.

Selbstverfluch

Es gibt, so darf vermutet werden,
rund hundert Wundereichen
noch heut verstreut in unsern Wäldern.
Die Rentner entern ständig,
zu lindern hinderliche Schmerzen,
die Siechen kriechen durch die Löcher.

Es *gab*, so muss ich korrigieren.
Entweiht von ungesunden Hunden;
versehentlich in Brand gestanden;
geschlagen mit verhexten Äxten –
verloren viele ihren Zauber.
Den Rest vergesst. Ist nur Attrappe.

Auf manchen langen Wanderungen,
mit Halt im Wald, war mein Bestreben,
den lahmen Rahmenvers zu fliehen;
wo noch gelochte Eichen waren,
da robbte grob ich in die Äste!
Was blieb – ich schrieb trotzdem nicht besser.

Gefahr

Umzeitet von leuchtenden Tagen,
bewegen wir uns im Zielfeld
der dunklen Erwartung. Die Liebe

verwehrt jeden Zweifel, der über
die Stunden sich schiebt, und segnet
die Nächte in denen wir nicht

beieinander sind. Die Spuren der Ängste
verwittern, noch auf den Steinen,
vor Wälder gelagert, verblasst

die warnende Schrift:
Ihr seid in Gefahr,
euch zu verlieren.

Nach Corona

Eins

Der Mensch, absonderlich, wird Landschaft sein,
in Farben leuchten, ganz bereit für sich.
So kommen fraglos Zeiten auf ihn zu,
wo nur das Glück verpachtet werden kann,
von eigner Hand in frühes Licht gestellt.

Zwei

Wir sind so sanft. Kaum dass ein Lied
hier über dunkle Wellen flieht an Land.
Was immer uferwärts allmählich dringt,
hat schon Verrat gesenkt ins grüne Herz;
was übrig bleibt, treibt schemenhaft hinab.

Drei

Der Augenblick gefriert.

Geschwätz ist Verfall

Im Wesentlichen
streiten Philosophen
sich darum,
ob das Nichts
Alles erklärt
oder ob Alles
nichterklärbar ist.

Reine Steine

Eine Menge solcher Bauten,
so wie die oft geschauten,
wir auch in Büchern finden;
sie mögen wohl verschwinden,
die Häuser und die Hallen,
in Staub, in Schutt gefallen.
Doch hier, auf diesen Seiten,
entgleiten sie den Zeiten
und bleiben lange leben,
der Ewigkeit ergeben.

Mitbringsel

Dich mit Farnen
zu umgarnen:
bringt nichts ein.

Eine lose
rote Rose:
soll es sein.

Frei nach Wiese
bring ich diese:
dir allein.

Ohne Distanz

Ich liebe dich,
mein Gänschen,
ganterganz.
Deine Flügel
und knospenen Hügel,
die helleren Stellen
der Narben,
die tieferen Farben
mancher Dellen.
Ich liebe dich,
wir lieben uns,
ohne Distanz.

Umsicht

Möglich ist, das Rot vom Braun zu trennen:
andernorts. Doch hier
gelingt es nicht.
Grauen Farbenschaum
kann ich erkennen.
Alles krankt
im schwanken Licht.

Kaum kann ich das andre Ufer sehen.
Schwer liegt weißer Nebel
überm Fluss.
Wenn die starren
Winde wieder wehen,
mindert sich
der Farbverdruss.

Lebenslauf:

Ich war kein Spitzenreiter,
ich hielt mich weiter
hinten auf.

Frau im Zug

Wem mag sie wohl
ihr Lächeln schenken
im Augenblick
der reinen Unvernunft?
Wen könnte sie
mit Glück bedenken?
Sie lächelt.
Trauervolle Niederkunft.

2010; Ralswiek („Störtebeker")

Die Handlung spielt am Mittelmeer.
Und Schiffe gehen hin und her:
von Genua, der schönen Stadt,
Granada zu. Man sieht sich satt,
erspäht Kostüme, Farbenschwung,
behält gut in Erinnerung
den Flug des Falken durch das Licht.
Es geht um Gold. Vielleicht auch nicht.
Vielleicht nicht nur. – Danach ist's still
für den, der was erlauschen will.
Das Feuerwerk: schon längst vorbei.
Die Pferde grasen wieder frei.
Der kleine süße Esel träumt
vom nächsten Tag. Das Meer umsäumt
die Nacht. Noch klingt im Wellenlied
Geschichte nach, die nie entflieht.

Halbwegs ordentliches Sonett

Na, du hast die Wohnung ja gesehen.

Überleg nicht lange, ob sie dir gefällt.

Unterm Staub der Jahre, die vergehen,

ist's um unser beider Leben arg bestellt,

wenn im Glattgewachsten wir uns drehen

und die sture Ordnung uns gefangen hält.

Nur das Aufgeraute ist Verstehen,

fesselt uns an diese sonderbare Welt.

Nein, es gibt hierüber keine Richter.

Ab und an ein wenig aufzuräumen,

wird nicht schaden, aber macht den Kohl nicht fett.

Kannst nen bessern Mann du dir erträumen?

Schlampig in der Küche, strenge im Sonett

sind, du weißt, nun mal die wahren Dichter.

Wertigkeit der Träume

Was lohnt es, zu erfahren, wenn ich träumend niederlieg,
dass die Zahl (ein Kabbalisten-Tipp!), drin alle andern Zahlen
enthalten sind, zwischen *eins* und *dreihundert*
zu finden ist.

Was nützt es mir, zu wissen, in welchem Haargenau-Quadranten
des nahebei gelegnen Alls vernunftbegabte Wesen leben,
die sich träumrisch parallel
mir zeigen.

Was hab ich von bestimmten Fakten, Namen, Daten
(die ich im übrigen nicht kennen darf), wenn nie der kleinste
Hinweis auf das eigne Glück
mich trifft.

Grenzgänger

es gebe noch gewisse grenzen

zwischen ost und

zwischen

west

das niemandsland

sei kaum begangen

stellen kluge leute

fest

Du

Noch während ich
das Wasser trinke,
steigert sich
mein Durst.

Du kamst
vorhin
ins Haus
und bliebst.

Doch Sehnsucht fällt
bereits auf mich,
als wenn du
eben gingst.

Bescheidener Wunsch

Es fällt mir schwer, mich anzupassen.
Obwohl: ich hab es jahrelang geübt.
Die freie Wahl der eignen Mittel
blieb allemal mir noch versagt.
Der Zwang: zu tun, was andre wollen.
Und Arbeit lenkt vom Denken ab;
sie kann doch denen nur gefallen,
die sowieso zufrieden sind
und ihre Wut vergessen haben,
die einst, was heute kaum zu glauben,
ihr Leben gültig hat bestimmt –
sie triefen, sind bemüht um Schweiß.
Die Schein-Erfolge: angepachtet.
Das Glücklichsein: ein leerer Wahn.
Das Recht, hierauf ganz zu verzichten,
das wünschte ich vor allem: mir.

1995; Klimakonferenz Berlin

Aufgemerkelt,
nachgetöpfert:
aerologischer
Beschluss –

energisches
Verzichten
auf praktikablen
Luftikus.

Gradierte
Katastrophe:
anderthalbe
vor Exitus.

So will ich warten

Ich bin der Winterprinz. Die Frauen,
welche wachsam waren, sind nachdem
ich sie geküsst, bald in Schlaf gesunken
lange vor der Nacht, und werden nur
im Traum erlöst vom sommerlichen
Blut in ihren schönen Schenkelschwüngen.
So will ich warten, darin und zwischen
allen, kann mein Urteil besser fällen –
welche Lippen, länger nicht verschlossen,
neuem Drängen, wenn wir wieder uns
begegnen, niemals widerstehen können.
Noch im Schlaf, von dem wir reden,
bleibt ungewiss, wer nach uns fragt.

Der alte Dichter

Er geht noch immer durch die Straßen
und murmelt Verse vor sich hin,
die ihn vor langem schon vergaßen
und trotzdem seine Zeit ihm maßen.

Er murmelt Verse vor sich hin
und geht noch immer durch die Straßen,
befindet sie in seinem Sinn,
und lebt und schwebt verschränkt darin.

Danach

Als unser Herz in Flammen stand,
bist du zu schnell darin verbrannt.

Du hast mir nicht die Zeit gelassen,
dich zwischendurch auch mal zu hassen.

Dann war dein Sommerhintern kalt,
die Farben flohen in den Wald.

Der Winter will ein Liedchen singen,
er näselt nur von dummen Dingen.

Ich webe hier ein Spinnennetz,
darin verfängt sich mein Geschwätz.

INHALT

Fotos: EK

(Auf Seite 21 ist ein* Taubenschwänzchen *zu sehen.)